Eurydice Turning

Other Books By Douglas W Anderson
Libros por Douglas W Anderson

A Promise — Poems
Una Promesa — Poemas

In The Light Of The Sun — A Witness
A la Luz del Sol — Un Testigo

Douglas W Anderson

Eurydice Turning
Poems

Euridice Volteándose
Poemas

Spanish Language Translation / Traducción al español
Ivan Mancinelli—Franconi, PhD

Quaking Aspen Press
Sunriver, Oregon

First published in 2017 by Quaking Aspen Press www.quakingaspenpress.com

Eurydice Turning — Poetry / English with Spanish Translation.

Excerpt from the first line of the "ILLIAD", translation by Samuel Butler, 1898. Public Domain.

Excerpt of one line from WITHOUT PROOF OR EVIDENCE, Essays of O.K. Bouwsma, Edited and introduced by J.L. Craft and Ronald E. Hustwit. © 1984 by the University of Nebraska Press, Lincoln and London. Page 3. Reprinted and used by permission of University of Nebraska Press.

Cover Art by Henri Martin 1860—1943, ORPHEUS RETURNS FROM THE PURSUIT OF EURYDICE, Date unknown, Public Domain.
Book and Cover Layout by Daniela Cosovic
Back Cover Photograph by Pamela A Anderson

Printed In The United States of America

ISBN: 978-1-7336226-1-5

For Pamela, Alma, Nora, Jackson and Everett

*Dedicated to those who come from darkness
into the light, unconcealed.*

*Dedicado a aquellos que vienen de la oscuridad
a la luz, sin ocultarse.*

Contents / Índice

Prologue

I made bargains throughout my life. Almost all were detrimental in ways I didn't realize at the time. In childhood, if I ran over the hula hoops laying on the sidewalk with my bicycle tires, I lied, saying I didn't do it. The neighbor girls were witness though. Lying was the only way out of trouble. But, the key was separating myself at a distance so their mother would not hear my answer to my mothers' inquiry. It was an effective way to control the lie. I could make the bargain with myself to not do it again, but my mother knew I was lying when I told her I didn't do it. So I lost either way. Children frequently disappoint their parents. I learned to be convincing at a young age.

As a teenager and adolescent I made many bargains with myself and others. You can imagine. The one that sticks with me altered my spiritual side. Being caught drinking beer by a person in my church, I lied about it to my minister and left the church out of fear no one understood my attempt at the experience. I just wanted to find out what it was like. Typical teenager. No harm. But the bargain I made with myself to protect myself was complicated and stayed with me as a remembered lie to this day.

My only response throughout my early life was fear of the personal, inside my heart, trying in an adult praxis to discover who I was. It was the fear of honesty and unconcealment. Fear is no more in my heart or mind. I welcome discovery. It creates very much of a halting caution in those people types mentioned below, when they approach me.

As an adult the bargains became more complicated with others involved. You can imagine. When I learned how to fend off narcissists who control and have no empathy, true believers who espouse, manipulators who deceive, vexing personalities who create chaos because it makes them happy you are miserable, and replaced all my responses to these people; I bargained no more.

I believe the natural nature of Man is not good. Look around yourself! To learn how to not make bargains with them is the first step for many. In all, learning how not to fear is the most difficult grace one can bestow on oneself. Those who are afflicted move away, those whom I share love move closer. These are lessons one must learn alone. You will be lucky if someone helps you. I was lucky.

Prólogo

He hecho tratos a lo largo de mi vida. Casi todos eran perjudiciales en formas que no me di cuenta en el momento. En la infancia, si hubiese atropellado con las llantas de mi bicicleta un hulahula que estaba en la vereda; hubiese mentido, diciendo: yo no lo hice. Aun cuando las chicas vecinas fuesen testigos. Mentir era la única forma de salir de aprietos. Pero la clave fue distanciarme para que la madre de ellas no escuchase mi respuesta a la pregunta de mi madre. Era una manera eficaz de controlar la mentira. Yo podría hacer el trato conmigo mismo de no volverlo a hacer, pero mi madre sabía que estaba mintiendo cuando le dije que yo no lo había hecho. Así que de toda forma salí perdiendo. Los niños frecuentemente decepcionan a sus padres. Aprendí a ser convincente a una temprana edad.

Cuando era joven y adolescente hice muchos tratos conmigo mismo y con otros. Te lo puede imaginar. El que se me quedó grabado, alteró mi parte espiritual. Al ser pillado bebiendo cerveca por una persona en la iglesia, le mentí sobre ello a mi pastor y me fui de la iglesia por temor que nadie entendiese mi intento de la experiencia. Sólo quería saber que se sentía; el típico adolescente. Ningún daño. Pero el trato que hice conmigo mismo para protegerme era complicado y se quedó grabado en mi como una mentira recordada hasta este día.

Mi única respuesta a lo largo de mi vida juvenil fue el miedo a lo personal, dentro de mi corazón; intentando en una praxis adulta descubrir quién era yo. Era el miedo a la honestidad y la verdad no oculta. Ya no existe el miedo en mi corazón o mente. Acojo con los brazos abiertos el descubrimiento. Crea mucha precaución vacilante en esos tipos de personas abajo-mencionadas.

Cuando uno es adulto los tratos se complican más cuando otros están involucrados. Te lo puede imaginar. Cuando aprendí a defenderme de los narcisistas que controlan y no tienen empatía, los verdaderos creyentes que predican, los manipuladores que engañan, las irritantes personalidades que crean caos ya que los hace feliz saber que tu eres miserable, sustituí todas mis respuestas a estas personas, y no hice más tratos.

Creo que la naturaleza natural del hombre no es buena. ¡Mira a tu alrededor! Aprender cómo no hacer tratos con ellos es el primer paso para muchos. A fin de cuentas, aprender a no temer es la gracia más difícil que se puede conferir a uno mismo. Los afligidos se alejan, aquellos con quienes comparto mi cariño se acercan más. Estas son lecciones que uno debe aprender solo. Serás afortunado si alguien te ayuda. Yo tuve suerte.

We all have a past we look back on. We see along the way what self-correction we need to make with ourselves. Everyone has this problem in life. The key is to educate yourself enough to not be a narcissist, true believer, a manipulator, and, or, be a vexing person. It is OK to be at variance or have contradictions within oneself. A key, to the doorway, into the new room, leaving behind these mismatches, arrest and refute ones nettle, is to posit silence and observation.

The legend of Orpheus and Eurydice is a timeless allegory. It is the simple allegory which often teaches us how to evolve. Our community is our only defining circle with which we have to judge ourselves and relate to others. Connection is important and essential to release fear into the ether. If not, we grow up being a random part.

DWA
April, 2017

Todos tenemos un pasado que recordamos. Vemos a lo largo del camino lo que tenemos que corregir en nosotros mismos. Todos tienen este problema en la vida. La clave es educarse lo suficientemente para no ser un narcisista, un verdadero creyente, un manipulador y/o, ser una persona irritante. Está bien estar en desacuerdo o tener contradicciones dentro de sí mismo. Una llave al portal, hacia el nuevo cuarto, dejando atrás estas uniones mal hechas, arrestar y refutar los irritantes propios, es afirmar el silencio y la observación.

La leyenda de Orfeo y Eurídice es una alegoría intemporal. Es la simple alegoría que a menudo nos enseña a evolucionar. Nuestra comunidad es nuestro único círculo determinante con el que tenemos que juzgarnos a nosotros mismos y relacionarnos con los demás. La conexión es importante y esencial para soltar el temor en el éter. Si no, crecemos siendo un repuesto al azar.

DWA
Abril, 2017

Reflections

Reflexiones

*For Irene and those who
wrote their story to the end.*

When the Time Comes

When the time comes,
we all fight the appearance
of the inevitable finish, vulnerable,
with the realization that an end
is quite going to happen,
we hope naturally one day.

Up to that time we are
just chipping away our surface.
Our immortality reasons
we can always return
to the silent dawn,
or see the orange sunset
fade in a deep sea.

The realization,
not the coming end,
is what makes it hard,
hard to accept there is
an end to learning.

There is so much more
inspiring us to wish
we could live forever.

We end unfinished however,
placing our book on the shelf,
having laid a ribbon between the pages
that remain unwritten, thereafter.

Para Irene y aquellos que
escribieron su historia hasta el final

Cuando Llega la Hora

Cuando llega la hora
todos luchamos contra la apariencia
del inevitable final, vulnerables
con la comprensión que en realidad
algún día habrá un final
que esperamos sea natural.

Hasta ese día
solo estamos fragmentando nuestra superficie.
Nuestra inmortalidad razona
que siempre podemos regresar
a la silenciosa aurora,
o ver la puesta del sol anaranjada
desteñirse en un profundo mar.

La comprensión,
no el venidero final,
es lo que lo hace difícil,
difícil de aceptar que hay
un final en el aprendizaje.

Hay mucho más
que nos inspira a desear
que podríamos vivir para siempre.

Terminamos sin embargo irrealizados,
poniendo nuestro libro en el estante,
con la cinta ya puesta entre las paginas
que quedaron sin escribir de ese entonces.

The Trouble with a Fine Mind

Why is it we don't know about the fine
minds among us, or if we did, cannot
appreciate their breadth or goodness?

Envy, jealousy, anger, spite, narcissism,
possessed of self, banal evil,
conformity of morality and mind,
perhaps?

The waters do deepen around us.
The darkness does get darker.

To freshen the mind
for another pass at wisdom,
others will extract pain and blood first.

Surviving this is quite an art of the self.

Having inflicted the damage,
those responsible will retreat
into their private hell.

Comfort them, give them something
to aspire to, but move on,
or you will become so much like them.

Salvation is only within the self,
inside, as you see in the mirror,
deep inside, a painful place indeed,
to overcome.

El Problema de una Mente Brillante

Por que es que no sabemos de las brillantes
mentes entre nosotros, o si supiéramos, no
valorizaríamos la amplitud de sus bondades?

Envidia, celos, ira, rencor, narcisismo,
dueño de si mismo, maldad banal,
conforme a la moralidad y mente,
¿Tal vez?

Las aguas en realidad se profundizan a nuestro alrededor.
La oscuridad si se oscurece.

Para refrescar la mente
para otro paseo por la sabiduría,
otros extraerán primero el dolor y la sangre.

Sobrevivir esto es un verdadero arte del ser.

Al haber infligido el daño,
aquellos responsables se
retiraran a su inferno privado.

Consuélenlos, denles algo
para que aspirar, pero sigan de largo,
o se convertirán igual como ellos.

La salvación está solamente dentro del ser,
adentro, tal como lo ven en el espejo,
profundamente adentro, un verdadero lugar doloroso,
para vencer.

A Mother's Elegy

As the high cottonwood branches
swayed in the breeze,
she would feel the soft grass beneath,
to make sure it was dry enough
to sit on in comfort.

Then, looking up slowly to the warm blue sky,
she would move to the sway of some music
she heard in the wind.

These were moments of peace for her,
moments as a child I could not share,
beyond being a small boy.

Remembering later, her reading
Shakespeare and Longfellow,
wishing for more opportunity
with her burgeoning knowledge,
was a young woman
in a melancholy pose,
who could not find a path,
to formally realize her dreams.

She lived her life as
so many young mothers,
between the depression,
and the hope of every
April's spring bloom.
These things haunted her.

Stuck in a time of ignorance,
not too different from our own now,
she was kept restrained by a tight,
violent threat in a man's world,
that never let her rest.
The scars, over time cut deep.

Para aquellas madres y mujeres
que nacieron sin oportunidad

La Elegía de una Madre

Mientras las ramas altas del Chopo
se mecían en la brisa,
ella palpaba el suave pasto debajo,
para asegurase que estuviera lo suficientemente seco
para sentarse sobre el cómodamente.

Luego, mirando lentamente hacia el cálido cielo azul
se movía al balanceo de alguna música
que escuchaba en el viento.

Estos eran momentos de paz para ella,
momentos que yo como niño no podía compartir,
mas de lo que puede un pequeño niño.

Al recordar mas tarde, que ella leía
Shakespeare y Longfellow,
deseaba mas oportunidades
con su creciente conocimiento,
había una joven
en una pose de melancolía,
que no podía encontrar un camino,
para formalmente realizar sus sueños.

Ella vivió su vida como
tantas madres jóvenes,
entre la depresión,
y la esperanza de cada
brote de primavera de abril.
Estas cosas la atormentaban,

Inmóvil en un tiempo de ignorancia,
no demasiado diferente al nuestro, ahora,
restringida por una oprimente
y violenta amenaza en un mundo de hombres,
que nunca la dejaba descansar.
Las cicatrices, con el tiempo se profundizan.

The darkness descended
around her later in life,
for many reasons;
some of which mothers
never recover from;
a daughter's loss to disease,
a husband lost within
his childhood abuse,
her mother's passing.

The cottonwood is still there;
the top leaves quietly swaying
to music I now know.
Her touch since I was a child
was so full of wisdom.

La oscuridad descendió
a su alrededor tarde en la vida,
por muchas razones;
algunas de las cuales las madres
jamás se recuperan;
perder una hija por una enfermedad,
un esposo perdido dentro del
abuso en su niñez,
la muerte de su madre.

El Chopo aun esta ahí;
las ramas superiores meciéndose silenciosamente
a la música que ahora conozco.
Su tacto desde que era un niño
tenía tanta sabiduría.

Reflections on the Rogue

Deep within the river's quiet flow,
there is an arrow of time.
Everything is touched by it's shape,
guided by it's direction,
from beginning to end.

In between are moments,
of birth and death.

In the end,
mixed in the cocoon
of the sea depths,
we become truly
part of the sum,
having no form,
returning to our origins.

In the beginning
the river takes the better course.

Near the end we try, too.

We should give ourselves
better credit
for seeing the wisdom.

Reflecciones Sobre el Rogue

Profundamente dentro del flujo silencioso del rio
hay una flecha del tiempo.
Todo lo toca su forma,
guiada por su dirección,
de comienzo a final.

En el medio hay momentos,
de nacimiento y muerte.

Al final,
mezclados en el capullo
de las profundidades del mar,
nos convertimos en verdaderas
partes de la suma,
sin tener forma,
regresamos a nuestros orígenes.

En el comienzo
el rio lleva el mejor rumbo.

Cerca del final nosotros lo intentamos, también.

Deberíamos darnos
mejor reconocimiento
por ver la sabiduría.

I'm Sorry

I

The window, reflecting nighttime images
separated us from the cold wet weather,
buffeting against the pane's braces.

The hospital room walls of the dying at night,
are cast with images of the scythe or Chronos.
projecting slow moving shadows in the low light.

Lying half turned to one side in the small
narrow bed, breathing heavily into her pillow,
was whom we still loved, shrouded in her pall.

What are the resignations or possibilities
the dying expect of themselves,
or of us, in our joined destinies?

Some only know and react to the smells,
or distorted visual of one very sick,
all finding excuses for being themselves.

Cold, windows, shadows, walls unforgiving,
excuses, resignations, all appearing like death,
are not very much part of life and the living.

II

I was sorry for being then, nineteen years,
as she died, expressing her last breath,
eyes closing over silent tears.

Not much has changed in history's view,
except to justify the euthanized end
from what life's potential one can construe.

Heart strength and starlight sanctity
is life's mirror of the dual acceptance
of death; myth and logos, a unity.

Lo Siento

I

La ventana, que reflejaba imagines nocturnas
nos separaba del tiempo frio y mojado,
que se amortiguaba contra los refuerzos del vidrio.

Las paredes de la habitación del hospital de los moribundos, en la noche,
arrojan imágenes de la guadaña o Cronos
que proyectan sombras que se mueven lentamente a luz baja.

Acostada, mitad hacia un lado en la pequeña
cama estrecha, respirando pesadamente en su almohada,
yacía aquella que aún amábamos, amortajada en su paño mortuorio.

¿Cuáles son las resignaciones o posibilidades
que los moribundos esperan de sí mismos,
o de nosotros, en nuestros destinos unidos?

Algunos sólo saben y reaccionan a los olores,
o la visión distorsionada de uno muy enfermo,
todos buscan excusas para ser ellos mismos.

Frío, ventanas, sombras, paredes implacables,
excusas, resignaciones, todas apareciendo como si fuesen la muerte,
no son gran parte de la vida y los vivientes.

II

Lo sentía por tener entonces, diecinueve años,
al morir ella, expresando su ultimo suspiro,
los ojos cerrándose sobre silenciosas lagrimas.

No mucho ha cambiado en la opinión de la historia,
excepto para justificar el final eutanasiado
de qué potencial de la vida uno puede interpretar.

Fuerza del corazón y santidad de la luz de las estrellas
es el espejo de la vida de la aceptación dual
de la muerte; mitos y logos, una unidad.

If we think death as separate from life,
we can never examine life to find truths,
and shall lament our lives in fragmented rife.

An inseparable part of life is an essence,
however we frame its images,
or proselytize a bargain's parlance.

The journey, learning to open a domain,
a dangerous self exposure, started with
the last, most final, morphine dose for pain.

It was an unexpected cessation of breath,
a quiet silence, a finality one could not retrieve,
and without the skills, I was an observer of death.

III

An observer is a very painful place to be,
an enlightened time of being vulnerable
to the separation of thought and actuality.

Denial is a right of life, say the psychiatrists.
Their sublime is to return to society
a person, after analysis and the alchemists.

If one believes denial within their eyes,
then one can never shake the view that
the actual and thought are separate alibis.

Until we think of them as the same
we are imprisoned, excusing ourselves
from the potential joy of life's acclaim.

She was sorry to have put us through
the ordeal of being the silent ones,
to witness her final moment's debut.

Perhaps, the clear inevitability of death may cause
one to see a unity of life and death as one,
as she expressed in her ultimate moment's pause.

Si pensáramos en la muerte como separada de la vida,
nunca podríamos examinar la vida para encontrar verdades,
y lamentaríamos nuestras vidas hecha abundantes fragmentos.

Una parte inseparable de la vida es una esencia,
no importa como formulamos sus imágenes,
prosélitisamos el lenguaje de un negocio.

El viaje, aprender a abrir un dominio,
Una, peligrosa, auto-exposición, que comenzó con
la última, más final, dosis de morfina para el dolor.

Era una cesación inesperada de la respiración,
un silencio reservado, una finalidad que uno no podía recuperar,
y sin las habilidades, yo era un observador de la muerte.

III

Ser un observador es estar en un lugar muy doloroso,
un momento de alumbramiento para ser vulnerable
a la separación de pensamiento y la actualidad.

La negación es un derecho de la vida, dicen los psiquiatras.
Su sublime es volver a la sociedad
una persona, después de análisis y los alquimistas.

Si uno cree en la negación dentro de sus ojos,
entonces uno jamás puede sacudirse la visión,
de que lo actual y el pensamiento son coartadas separadas.

Hasta que pensemos en ellos como iguales
estamos encarcelados, excusándonos
de la alegría potencial de la aclamación de la vida.

Ella sintió tener que habernos hecho pasar
la prueba dura de ser los silenciosos,
para ser testigos del debut de sus últimos momentos.

Quizás, la clara inevitabilidad de la muerte puede causar
que uno vea una unidad de la vida y de la muerte como una,
como ella expresó en la pausa de su último momento.

A friend said once his priest directed him
"to do good deeds every day and he would be all right,"
the all right of God's judgement on his life's hymn.

He said that was not enough since he felt insecure,
after fifty years as a physician doing right;
the statement alone was not enough to reassure.

I told him God did not think by association,
which is why he felt guilty about his life;
that God's unity should be his affirmation.

The imagery and great promise for us to be,
is the effort to unity, therefore; I thought,
as well simultaneously, I have done, fearlessly.

There is no discrepancy between the act
and deed arising from ourselves and hearts,
who are not grieving in our aimless tack.

IV

She left us that night, slow and lovely,
with no veil, cover of dignity, or disgrace,
a nurtured growth toward eternity.

Her life and death were indistinct, a unity.
For those who go on living, pain memory
slowly merges toward congruency.

No contradiction, polar opposites, schism's applause,
association thinking, or artificial contrivances;
Janice thought, therefore she was.

The imaginary and thought, in the equivocal,
within her were one, a union.
She had no fear of the inexplicable.

Un amigo dijo una vez que su sacerdote lo dirigió
a "hacer buenas obras a diario y que le iría bien,"
le iría bien según el juicio de Dios en el himno de su vida.

Él dijo que no era suficiente puesto que él se sesentía inseguro,
después de cincuenta años como médico haciendo lo correcto;
la declaración solamente no era bastante para tranquilizar.

Le dije que Dios no pensaba por asociación,
lo cuál es por qué él se sentía culpable de su vida;
que la unidad de Dios debería ser su afirmación.

Las imágenes y la gran promesa para que nosotros seamos,
es el esfuerzo a la unidad, por lo tanto; pensé,
también simultáneamente, lo he hecho, sin temor.

No hay discrepancia entre el acto
y el hecho que surge de nosotros mismos y el corazón,
quiénes no se están afligiendo en nuestra tachuela sin objetivo.

IV

Ella nos dejó aquella noche, lentamente y encantadora,
sin velo, cubierta de dignidad, o de deshonra,
un crecimiento fomentado hacia la eternidad.

Su vida y su muerte fueron indistintas, una unidad.
Para los que siguen viviendo, la memoria del dolor
lentamente surge hacia la congruencia.

No hay contradicciones, contrarios polares, aplausos del cisma,
pensamiento asociado, o artimañas artificiales;
Janice pensó, por lo tanto ella existió.

Lo imaginario y el pensamiento, en el ambiguo,
dentro de ella eran uno, una unión.
Ella no tenía miedo alguno de lo inexplicable.

A Moment of Clarity

In the split second it takes a raindrop
to hit a branch with force enough
to make two other immediate drops,
you flash to mind, passing over my thoughts.

You arouse enormous pleasure in the image
of your beauty, and remind me of our
matched feet walking with hip-in-hip passion,
arms braced pulling each close in motion.

There were moments of extreme clarity,
quite clear and uplifting. Your own epiphany
came slowly, nurturing a passioned role
to connect your life's learned myth and soul,

to someone unexpected, out of nowhere.
Having been exiled when young did not make the
attempt as painful as your exposure to indifference.
Perhaps it was hesitation's tight yoke of silence.

This neurochemistry we so prize as uniquely our own,
influences us in ways we have no control to condone,
having expressed a desired participation, an exalted trance
of coming together, clarifying our myth, a chance,

of the beyond's plans, engaging, magnetizing
a strong polarity of feeling, drawn to experience
immortality, ignoring the gods' warning to us,
risking death or even alienation in the exiled eros.

There is no meaning to the raindrop, or even why
it was raining that day and time, except how we
remember the events that compelled our surrender,
inseparable as two could ever be in tenor,

consumed in the aura of mythical right and course,
dead set against the organized minds of the day,
whose prime directive is to move the present forward,
securing their place in the pantheon of the backward.

Un Momento de Claridad

En el preciso segundo que se demora una gota de agua
golpearse contra una rama con la fuerza suficiente para
hacer otras dos gotas inmediatas,
tú te cruzas por mi mente, pasando sobre mis pensamientos.

Despiertas un enorme placer en la imagen
de tu belleza, y me recuerdas de nuestros
pies emparejados caminando con la pasión de cadera-en-cadera,
brazos apoyados contrayéndose cada vez más cerca con el movimiento.

Había momentos de extrema claridad
absolutamente claros e inspiradores. Tu propia epifanía
llegó lentamente, nutriendo un papel apasionado
para conectarse al aprendido mito y alma de tu vida,

a alguien inesperado, emergido de la nada.
Al ser exiliada cuando joven no hizo
el intento tan doloroso como la exposición a la indiferencia.
Quizás era el yugo apretado de la vacilación del silencio.

Esta neuroquímica que tanto valoramos como únicamente nuestra,
nos influye de maneras que no tenemos ningún control para perdonar,
expresando una participación deseada, un trance exaltado
de juntarse, aclarando nuestro mito, una oportunidad,

de los planes del más allá, acoplando, magnetizando
una fuerte polaridad de sentimientos, atraídos para experimentar
la inmortalidad, ignorando las advertencia de los dioses,
arriesgando la muerte o hasta la enajenación del eros exiliado.

No hay significado para la gota de agua, o aún porqué
llovía ese día y esa vez, excepto cómo nosotros
recordamos los acontecimientos que obligaron nuestra rendición,
inseparable como dos pueden estar en tenor,

consumidos en la aureola del derecho y del curso mítico,
totalmente en contra las mentes organizadas del día,
cuya principal directiva es mover el presente hacia adelante,
asegurando su lugar en el panteón de los retrógrados.

We held tight to what we had between us for the while,
entwined in the perfection of something unique,
uncharacteristic of anyone around us compelling,
a will to be together having the strength of titan's upwelling.

The rain drop moments come often; the distraction happens,
with a visual finality, time's arrow piercing an event with
surprising accuracy and immediacy, signaling no returns,
at any attempt to realign one's myth, and so it burns.

Nos aferramos firmemente a lo que teníamos entre nosotros por el rato,
entrelazado en la perfección de algo único,
no característico de cualquier persona a nuestro alrededor, impulsando
un deseo de estar juntos para tener la fuerza aflorante de un titán.

Los momentos de gotas de lluvias vienen a menudo; la distracción sucede,
con finalidad visual, la flecha del tiempo perforando un acontecimiento con
asombrosa exactitud y urgencia, señalando que no se darán otras
   oportunidades,
para cualquier atento de realinear el mito de uno, y por lo tanto arde.

Possibly One Day

Perhaps one day we will see,
denial be all our conformity,
soon after the Sun or weaponry,
occasion or cause an EMP.

Incoherent sheep,
broken images in a heap.
Will we ever be able to reclaim,
the wasteland where we remain?

Posiblemente un Día

Quizás un día veremos,
que el desmentir sea toda nuestra conformidad,
luego después que el Sol o armamentos,
ocasione o cause una descarga de Pulso Electromagnético (PEM).

Ovejas incoherentes,
imágenes rotas en un montón.
¿Seremos alguna vez capaces de recuperar,
la yerma donde permanecemos?

The Vital Thread

The sky is azure,
the land is pure,
the sun is golden,
the river unfolding,
the earth is still,
the dusk has a chill.

Don't move, the sun has set.
The alpenglow softens the dusk,
and the Zodiacal Light,
will illume the way home.

Sometimes I live,
through the dream
of a small boy,
sitting on a hill,
at dusk,
above the Cimarron.

His life was vital,
to mine; once held
by a thread.

El Hilo Vital

El cielo es azul,
la tierra es pura,
el sol es dorado,
el rio se desenvuelve
la tierra está quieta,
el atardecer tiene una frialdad.

No te muevas, el Sol se ha puesto.
El rosicler de los Alpes suaviza el atardecer,
y la luz zodiacal,
iluminará el camino a casa.

A veces vivo,
a través del sueño
de un niño pequeño
sentando en un cerro
al atardecer
sobre el Cimarrón.

Su vida era vital,
a la mía; una vez sujeta
por un hilo.

The Passersby

How do strangers!
Have a cool, clear, cold glass of water!
You don't say, going there too huh?
No, we just paused for a while.

Your burden looks heavy!
Yes, we have gone in circles too,
marched our youth away,
to the military time.
Given that up though
still protect myself and family.

Yes, you heard right!
Down the road apiece,
is a good place to settle.

Sickness, we are sorry for your loss!
We too have marked
our trail with crosses.

God fearing? What's say? No, not us,
but I believe in the
promise of tomorrow.
Do you know about tomorrow?
Well, truthfully we can't say ourselves.

No, we don't have any books!
They were too heavy to carry.
Just what we know, that's all.
No kidding, did they help you
after you read them?

You say no?
We just don't know either,
and haven't read one
in a long time.

Los Transeúntes

¡Que tal forasteros!
¡Sírvanse un vaso de agua clara y helada!
¡No me digan! También van allá, eh?
No, solo hicimos una pausa por un rato.

¡Vuestra carga se ve pesada!
Sí, hemos andado en círculos también,
marchamos nuestra juventud,
a la hora militar.
Lo he dejado sí,
aun me protejo a mi y a mi familia.

Sí, lo escucharon correctamente!
Más allá del camino,
hay un buen lugar para establecerse.

La enfermedad, ¡sentimos su perdida!
También nosotros hemos marcado
nuestro sendero con cruces.

¿Temerosos de Dios? ¿Que creen? No, nosotros no,
pero yo creo en
la promesa de mañana.
¿Saben del mañana?
Bueno, en realidad no podemos comentar.

¡No; no tenemos libros!
Eran muy pesados para acarrear.
Solo lo que sabemos, eso es todo.
No bromeen, ¿le sirvieron de algo
después que los leyeron?

¿Ustedes dicen que no?
Nosotros tampoco sabemos,
Y hace mucho tiempo
que hemos leído uno.

Your words, you sound educated.
We wish we were.
Had a choice when fourteen,
did not take advantage of it.
Impatient, you know.
Now we're on our own.
Don't know quite what to do.

We understand!
See you down the road.

So many doubts about our lives
leaves us with a feeling,
of being, always, unfinished.
Could be the missed chances,
of yesterday,
or the denial of what we ignored,
or a perception of resignation to fate,
chaos leading the way,
or the need for approval of our thoughts.

We are always doing who we are,
even when musing with strangers,
who pass by.

Vuestras palabras suenan como educados.
Nosotros quisiéramos serlo.
Tuvimos la opción cuando teníamos catorce años,
y no la aprovechamos.
Impacientes, saben.
Ahora estamos solos.
No sabemos exactamente que hacer.

¡Comprendemos!
Los vemos más allá en el camino.

Tantas dudas sobre nuestras vidas
nos dejan con una sensación,
de estar, siempre, incompletos.
Puede que sean las oportunidades desperdiciadas
de ayer,
o la negación de lo que ignoramos,
o una percepción de resignarse al destino,
el caos dirigiendo el camino,
o la necesidad de que nuestros pensamiento sean aprobados.

Siempre hacemos lo que somos,
aun cuando reflexionamos con los forasteros,
que se nos cruzan.

The Narcissist and the Helper

There she was all educated,
fit for duty and authoritative,
rejected by her mother,
admired by her father,
thrown into the oedipal mix,
out comes the phallic narcissistic fix.

Ply the hatchet to the neck of those adorned,
sink the blade deep in return for those scorned.
Lie, cheat, all cool under pressure,
calculating without feeling, without measure.
Queen of the top with the chief's consent.
Without him you are nothing in your little tent.

There he is decked out in rooster feathers.
The cock crows and two hens jump, one in leathers.
She is free to roam and do his bidding well,
inflicting pain on nice people, nurturing a private hell.
She has his approval, silent we see, which consists
of all her personality traits in him, also the narcissist.

Imagine both everyday taking you by surprise,
always thinking they have feelings allowing you to surmise,
a relationship of goodness aligned in purpose,
when all they do so expertly in their silent circus,
is sabotage trust in all phases of accomplishment,
winning at the game of authority and dismemberment.

El Narcisista y el Ayudante

Ahí estaba ella toda educada,
apta para el servicio y autoritativa,
rechazada por su madre,
admirada por su padre,
arrojada en la mezcla edipal,
y de eso sale la fálica chapuza narcisista.

Ponle el hacha al cuello a aquellos adornados,
hunde profunda la hoja a cambio de aquellos despreciados.
Miente, haz trampas, todo bien bajo presión,
calculadora sin sentimientos, desmesurada
Reina de la cúspide con el consentimiento del jefe.
Sin él eres nada en tu pequeña carpa.

Ahí está él todo engalanado con plumas de gallo.
El gallo cacarea y dos gallinas saltan, una vestida en cuero.
Ella es libre de deambular y cumplir bien los antojos de él,
causándoles dolor a la gente amable, cultivando un infierno privado.
Ella tiene su apruebo, silencioso lo vemos, que consiste
en todas las características de su personalidad, en el, también el narcisista.

Imagínate a ambos todos los días tomándote por sorpresa,
siempre pensando que tienen sentimientos que te permiten suponer,
una relación de bondad alineada en propósito,
cuando todo lo que hacen tan expertamente en su circo silencioso,
es sabotear la confianza en todas las fases de destreza,
ganando el juego de la autoridad y el desmembramiento.

The Music of the Lyre

Remembering the numinous beauty of her presence,
the hallowed scent of the nights' mist in her absence,
the stunning beauty that spun remarkable desire,
was like the pure music of Orpheus playing his lyre.

The melodies played since the battle of Helen's seduction,
have sent time's arrow through the hearts of everyman's vision,
who dared to love the exalted feeling of complete immersion,
desiring to envelope the tangle of flesh and spirit in one perfusion.

She did fill my heart with the fullest measure of man's desire,
and at the same time lived her dream of complete trust, on fire,
burning in her heart longing to love deep a sensitivity,
completing the cycle of surrender, and commitment spiritually.

No one knows what happened that day, she was alone,
the place where we, for a moment, would wish to atone.
Surviving the fall, barely alive, whispering "I love you",
was a moment in time the serpent rose to strike her too,

and the music of the lyre was never heard again!

La Música de la Lira

Recordar la belleza numinosa de su presencia,
aquel aroma sagrado de la neblina nocturna en su ausencia,
la impresionante belleza que tejía un impresionante deseo,
era como la música pura de Orfeo tocando su lira.

Las melodías que se han tocado desde la batalla de la seducción de Helena,
han lanzado la flecha del tiempo traspasando el corazón de la visión de cada
    hombre,
que se atrevió a amar el sentimiento exaltado de la completa inmersión,
que deseaba envolver la maraña de carne y espíritu en una perfusión.

Ella sí llenó mi corazón con la más amplia mesura del deseo de un hombre
y al mismo tiempo vivió su sueño de plena confianza, encendida,
ardiente en su corazón, ansioso de amar profundamente una sensibilidad,
completando el ciclo de rendimiento y compromiso, espiritualmente.

Nadie sabe que pasó ese día, ella estaba sola,
el lugar donde nosotros por un momento, desearíamos estar solos para expiar.
Sobrevivir la caída, apenas viva, murmurando "Te Amo,"
fue un momento en el tiempo que la serpiente se levantó para atacarla también,

¡y la música de la lira nunca más se escuchó de nuevo!

For Jerry

A Man I Know

When seen in your clothes of pain,
a feeling in my heart is to share,
comfort and philosophize with you.
You are a good man,
never having lost your goodness.

The ones who thought they were betrayed,
they are without commitment to see the truth.
They do not trust themselves.

The conflict is about doing who we are,
how we see the beginning or end of a day.
They see neither sunrise, sunset,
zodiacal light or the stars.

We are all hoping your resolve is
to be greater in strength and character,
than they who will have to fear a poor fate.

You lose the battle even though
you were not in a contest.
We all know it was thrust upon
your soul with envy to harm,
judging you harshly,
perception standing guard over you.

Some just get us into trouble,
believing in a lie they covet.
Fight them with truth and integrity.
They are not able to warm
their hands in the passionate fire of life.

So go forth as a slow breeze,
passing between their thoughts,
leaving only a trace of having been there.

Un Hombre que Conozco

Al verte en tu traje de dolor,
un sentimiento en mi corazón es compartir,
confort y filosofar contigo.
Tú eres un hombre bueno,
que jamás perdió su bondad.

Los que creyeron que habían sido traicionados,
no están comprometidos a ver la verdad.
No confían en sí mismos.

El conflicto está en hacer lo que somos,
como vemos el comienzo o final de un día.
No ven ni la alborada, la puesta de sol,
las luces zodiacales o las estrellas.

Todos esperamos que tu determinación sea
más grande en fuerza y carácter,
que aquellos que tendrán que temer un pobre destino.

Pierdes la batalla a pesar
que no estabas en un concurso.
Todos sabemos que te lo impusieron en
tu alma con la envidia de dañar,
juzgándote duramente,
la percepción era tu guardia.

Algunos solo nos meten en problemas,
creyendo en una mentira que codician.
Lucha contra ellos con verdad e integridad.
No son capaces de calentarse
las manos en el fuego apasionado de la vida.

Así que sigue adelante como una lenta briza
pasando entre sus pensamientos,
dejando solo un rasgo de haber estado ahí.

My Muse, She, and Her

My muse is her.
She embodies in all of her,
instinct and interest, kindled
since a first love awoke
the elusive chase in my life.
Through mine eyes she was always there.
As a child she was the first kiss of
romance on the playground, today even,
never has the feeling changed of
the first adolescent endocrine moment.
The culmination of my resonant pieces
reside in her now, in peace, full to the brim.
Perhaps that is why she smiles at me,
reminiscing over her, whom once,
felt so near and close.
My muse understands there will never
be another embodiment of her again.
She accepts me now, heart in hand.

Mi Musa, Ella, y su Ser

Mi musa es ella.
Ella encarna en todo su ser,
instinto e interés, encendido
desde que un primer amor despertó
la elusiva caza en mi vida.
Por mis propios ojos ella siempre estaba ahí.
Cuando niño ella fue el primer beso
romántico en el patio de recreo, aun hoy,
jamás ha cambiado ese sentimiento del
primer momento endocrino de adolecente.
La culminación de mis piezas resonantes
reside en ella ahora, en paz, llena hasta el borde.
Tal vez es por eso que ella me sonríe,
rememorando, a aquella que una vez,
la sentí tan cerca y apegada.
Mi musa entiende que nunca habrá
otra encarnación de ella nuevamente.
Ella me acepta ahora, el corazón en la mano.

That Look

The timing of that look,
disapproval at it's best,
forced to the surface,
is a private moment,
breaking with our continuum,
often wishing it did not happen.
What are we afraid of revealing?
Perhaps something of who we are?
Embarrassed at the guard coming down?

Sometimes this happens as fast as
light may strike the retina,
an image caught in the
straight line travels of a photon,
no curves or detours,
how time is measured,
quick, in the wink of an eye.

These are the looks
that are not retrievable
sanguine, red faced, the
revealed hidden growl,
the one we apologetically
excuse ourselves from.

Esa Mirada

La coordinación de esa mirada,
desaprobación en su mejor momento
forzada a la superficie,
es un momento privado,
que rompe con nuestro continuo,
a menudo deseando que no ocurriese.
¿Qué tememos revelar?
¿Tal vez algo de quien somos?
¿Avergonzados a que se nos baje la guardia?

A veces esto ocurre tan rápido como
la luz alcanza la retina,
una imagen atrapada en el
trayecto en línea recta de un fotón,
sin curvas o desvíos,
como se mide el tiempo,
rápido, en el parpadeo de un ojo.

Estas son las miradas
que no se pueden recuperar
sanguíneo, de cara sonrojada, el
gruñido escondido revelado,
del cual nos excusamos disculpándonos.

The Truth Is

The truth is not always
what you should know.
Many times we cannot touch it,
for fear of it's consequences.

What is it we lack, to accept
what we sometimes in fear,
dare not learn?

Humility and honesty do not always
lead to the truth, but they do
temper the path to resolve,
and thank goodness for the
plasticity of pain, as it settles in.

La Verdad Es

La verdad no es siempre
lo que se debiera saber.
Muchas veces no podemos tocarla,
por temor a sus consecuencias.

¿Qué es lo que nos falta para aceptar
lo que a veces de miedo
no nos atrevemos a aprender?

La humildad y honestidad no siempre
conducen hacia la verdad, pero sí
templan el camino para resolver,
y gracias a Dios por la
plasticidad del dolor, cuando se adapta.

Seeing You Again

To those with chests thrust out,
and chins in, indignant,
whose eyes don't blink,
but stare into you;
I allow you in, to root around,
so to speak.

My only defense is to encourage
you to be like smoke,
as you try to infiltrate
my soul.

Disarming your effort is an art.
You want to be honest,
but don't know how.

My life is not about teaching you,
but after the smoke clears,
to let the sun in again.

Al Verlos de Nuevo

A aquellos con el pecho hinchado,
y el mentón recogido, indignados,
cuyos ojos no parpadean,
pero fijan su mirada en ti;
les permito que entren, para hurgar
por si decirlo.

Mi única defensa es
animarlos a ser como humo,
cuando tratan de infiltrar
mi alma.

Desarmar vuestro esfuerzo es un arte.
Quieren ser honestos,
pero no saben cómo.

Mi vida no se trata de enseñarles,
pero después que se aclare el humo,
para dejar que entre de nuevo el Sol.

Putting Ourselves Together

Looking at the red tricycle parked in my garage
was not a moment of reflection that endured.
Taking its place was the new Schwinn 3-speed.
And prepared I was, to compete with
my father, who looked the best riding it.

The June sun was very warm that morning,
the last day of grade school, the final exit
through doors I had only been entering
to learn enough to one day leave
for something better, motivated and prepared.

When the pitch struck he dropped the bat,
painfully turning toward the catcher, my friend;
who looked at me in surprise saying nothing.
After walking off the mound, placing my glove
on the bench, I never picked it up again.

The release from my coach who said nothing,
the peaceful feeling covering me in protection,
insulating the powerful emotions escaping,
slowly trying to converge in a rage of behavior,
I accepted the moment of embarrassment as the price.

Sitting on a bench in front of my high school,
after most had left on their last day of classes,
for parts unknown, I did feel the fragments and
pieces, both broken and torn in my life, were slipping,
aggravating the stomach knot from friends departing.

How we safely put ourselves together for the challenge,
of a new experience is a resolve to not look back
when we walk away; a premonition of the right path,
a reassuring reassembling of the sick moments,
sparing our senses from too much sadness.

Formándonos

Ver el triciclo rojo estacionado en mi garaje
no fue un momento de reflexión que perduró.
La remplazó una nueva Schwinn de 3 velocidades.
Y yo estaba preparado, para competir con
mi padre, que se veía mejor montado en ella.

El sol de junio estaba muy cálido esa mañana,
el ultimo día de escuela primaria, la salida final
por puertas que apenas había comenzado a entrar
para aprender lo suficiente para que un día partiera
en pos de algo mejor, motivado y preparado.

Cuando el lanzamiento acertó, él botó el bate,
Se volteó dolorosamente hacia el cátcher, mi amigo,
que me miraba sorprendido y sin decir nada.
Después que me alejé del montículo, puse el mitón
sobre la banca, y nunca mas volví a recogerla.

Al liberarme de mi entrenador, quien no dijo nada,
la sensación apacible que me cubría con protección,
aislando las fuertes emociones que se escapaban,
lentamente, tratando de convergir en un comportamiento furioso.
Acepté el momento de vergüenza como el precio.

Sentado en una banca frente a mi escuela secundaria,
después que la mayoría ya se había ido de su último día de clases
hacia lugares desconocidos, sí sentí los fragmentos y
trozos, ambos rotos, rajados en mi vida, se escabullían,
agravando el nudo estomacal de los amigos que se marchaban.

Con que cuidado nos formamos para el desafío,
de una nueva experiencia es una determinación a no mirar atrás
al marcharnos; una premonición del sendero correcto,
un tranquilizante re-ensamble de los momentos enfermizos,
que evitan que nuestros sentidos sientan demasiada tristeza.

We cannot prevent the causes that move us forward.
Oblivious, we did though, prepare ourselves to leave,
to leave all that which were the fragments, commotions, efforts,
and wisdom helping us to walk away ready, natural,
without notice or noticing the memories which confirmed us.

I wish I could see and touch the mitt, sit on the red tricycle,
the Schwinn bicycle, walk through the doors of my
grade school without it seeming so long ago.
I don't have a feel or sense of this memory,
or a connection with Albert, Patti, Linda, Kathy, Paul.

The temptation to look back when young was weak,
the strength building with an adolescent body was firm.
The temptation to look back when older is strong,
the weakening atrophy of aging is sure,
and we abide either way from beginning to end.

No podemos evitar las causas que nos impulsan hacia adelante.
Inconscientes, a pesar de habernos preparado para dejar,
dejar todo aquello que eran los fragmentos, alborotos, esfuerzos,
y sabiduría ayudándonos a alejarnos listos, naturales,
sin que se dieran cuenta o cuenta de los recuerdos que nos confirmaban.

Me gustaría ver y tocar el mitón, sentarme en el triciclo rojo,
la bicicleta Schwinn, pasar por las puertas de mi
escuela primaria sin que parezca que halla pasado tanto tiempo.
No tengo sensación o sentido de este recuerdo,
o una conexión con Albert, Patti, Linda, Kathy, Paul.

La tentación de mirar hacia atrás cuando yo era joven era débil,
la fuerza que construía con un cuerpo de adolecente era firme.
La tentación de mirar hacia atrás cuando ya mayor es fuerte,
la atrofía debilitadora de la vejéz está asegurada,
Y nos atenemos de una forma u otra de comienzo hasta el final.

Looking Back

Mirar hacia atrás

It Was So Perfect

It is confusing to lose one's freedom
in having to root unceremoniously,
tying oneself immobile, wounded,
in a tight Gordian resignation.
The punishment of affection,
snares and rips a wound open,
ensconced within a fold that gets
deeper and deeper with time,
ravaging what good emotion
one has left to fight with,
for self respect, dignity
and salvation, from the torments
of eventual unrequited affection.
The self-delusion of love was there,
the hurling of two into one,
so euphoric, bold, and exalted,
narcotizing both into an oblivion.
Rooting was not possible.
Immobility was not possible.
Yet, torn pieces of lives are
the result of a bargain so perfect,
it could not fail except by denial,
of the true nature of lover's love.

Era tan Perfecto

Es confuso perder uno la libertad
de tener que vitorear sin ceremonia,
atándose uno inmóvil, herido,
en una estrecha resignación gordiana.
El castigo del afecto,
atrapa y raja la herida abriéndola,
empotrado dentro de un pliegue que se
profundiza más y más con el tiempo,
devastando lo que queda de buena emoción
para luchar,
por el auto respeto, dignidad,
y salvación, de los tormentos
del eventual afecto no correspondido.
El auto-dilución del amor estaba allí;
el lanzamiento de dos en uno,
tan eufórico, atrevido, y exaltado,
narcotizando a ambos en un vacío.
Enraizarse no era posible.
La inmovilidad no era posible.
Pero aun, los trozos rasgados de vida son
el resultado de una negociación tan perfecta,
que no podía fallar excepto por la negación,
de la verdadera naturaleza del amor de un amante.

For William Anderson
1916—1997

A Lesson Worth Learning

Trying to tell my father who had no education
what my diploma would mean to me at graduation,
was something other than me trying to communicate
through his pride and thinking himself a reprobate.

I always saw my father with respect, as a son should,
who always loved him as a son's heart could;
terminal with insecurity in adulthood about himself,
venial and tormented privately at not having a bookshelf.

My images are like yesterday, of concrete and stone,
dressed in brown pants, black robe, mortar board, alone.
The stone path followed a line of bricks to the hallowed door,
in the end, a sinking sense, as in the middle of a reservoir.

Things never changed, and he died of a stroke.
It was not easy for him, he never awoke.
I'm sure he wanted me to know he was not
going without a fight having been fought.

Funny though, his fight for survival,
it was his legacy to me, being irrepressible;
having never learned "that" in my education,
nor, was that a lesson in any book's narration.

Para William Anderson
1916—1997

Una Lección que Vale la Pena

Decirle a mi padre que no tuvo educación
lo que mi diploma valdría para mí al graduarme
era como si algo fuera de mí tratase de comunicarle
a través de su orgullo y él creyéndose un reprobado.

Siempre vi a mi padre con respeto, como debe hacerlo un hijo
quien siempre lo había amado como pudiese con el corazón de un hijo;
terminal de inseguridad en su adultez sobre si mismo.
Venial y atormentado privadamente por no tener un librero.

Mis imágenes son como ayer de concreto y piedra,
vistiendo pantalones café, toga negra, y birrete, sólo.
El camino de piedra seguía una línea de ladrillos hacia la puerta sacra,
al final, una sensación de hundimiento, como si estuviese en medio de una
    represa.

Las cosas nunca cambiaron, y él murió de un derrame cerebral
No le fue fácil, el nunca despertó.
Estoy seguro que él quería que yo supiese que él no
se iría sin haberla peleado.

Aunque curioso, su lucha por su supervivencia,
fue su legado para mí, siendo irreprimible;
al no haber aprendido "eso" en mi educación,
ni, fue esa una lección en cualquier narración de un libro.

The Anesthesiologist

To that which demarcates fear from the serene,
to whom delivers one to the dream,
I salute you both in kind, returning compassion,
taking a moment between heart beats,
feeling just a blush of pleasure,
fading fast into sleep,
to avoid the surgeon's knife,
placed deep, as time stands still,
in the dark nil.

You are not of the Mesmérisme class,
you fellows of the stethoscope, scrubs and gas.
Your all attendant beliefs are true in action,
but not always of heart in daily fashion,
although there are exceptions to this,
within all hearts following their bliss.
Instead you are of the Chosen,
who tender "merciful sleep,"
who have fit in with the mix of the fine mind,
seeing possibilities' matrix and design.

Vigilant in care.
Versed in knowledge.
Verified in training.
Verity of mind.
Candor of hand.

Para aquellos con quienes uno se roza los hombros y caderas, practicando los riesgos del "sueño misericordioso"

El Anestesiólogo

A aquello que demarca el temor de lo sereno,
al que a uno lo entrega al sueño,
yo los saludo a ambos por igual, devolviéndoles la compasión,
tomando un momento entre latidos del corazón,
sintiendo apenas un sonrojo de placer,
rápidamente desvaneciéndose en el sueño,
para evitar el bisturí,
puesto profundamente, mientras el tiempo yace inerte,
en la oscuridad de la nada.

Ustedes no son de la clase del mesmerismo,
ustedes compañeros del estetoscopio, uniforme de quirófano y gas.
Todas vuestras creencias asistentes son ciertas en acción ,
pero no siempre del corazón en forma diaria
a pesar que hay excepciones de esto,
dentro de todos los corazones que siguen su éxtasis.
En vez, ustedes son los "selectos,"
que ofrecen el "sueño misericordioso,"
que han encajado con la mezcla de una mente brillante,
que ve las posibilidades de la matriz y diseño.

Vigilante en el cuidado.
Versado en conocimiento.
Verificado en capacitación.
Veracidad de mente.
Candor de mano.

Evening Time

A puff of smoke rises from the silhouette,
against the backdrop of an arrow-wood tree.
I can see him at the bottom of the hill.
The old gentleman seems to be enjoying
his cigarette, a nighttime event.

I understand he fought in the war.
He came home without a scratch,
having been in the thick of battle for months.
Lived with his parents until their passing,
alone, smoking in the shadows.

This time of year the ground moisture
mixes with the low fog and damp air.
Cold penetrates to the skin, deep,
stiffens shivering to a rhythmic quiet,
in the low gray light.

He is a regular passing the late hour.
It's what gives him his pleasure,
a certain time for himself, solitary and safe;
except when it rains.

Atardecer

Un soplo de humo se alza de la silueta,
contra el fondo de un garrocho.
Lo puedo ver al pie de la colina.
El caballero viejo parece disfrutar
su cigarrillo, un acontecimiento nocturno.

Si entiendo que él lucho en la guerra.
Regresó sin un rasguño,
habiendo estado en medio de la batalla por meses.
Vivió con sus padres hasta que ellos fallecieron,
sólo, fumando en las sombras.

Este tiempo del año la humedad del suelo
se mezcla con la niebla baja y el aire húmedo.
Él frio penetra la piel, profundamente,
Tieso tiritando a un rítmico silencio,
en la baja luz gris.

Él es un cliente habitual pasando las altas horas de la noche.
Es lo que le da su placer,
un cierto tiempo par si mismo, solitario y a salvo;
Excepto cuando llueve.

You Are With Me

There are moments I have collected
from disparate parts of my life,
that seem to fit into a prism,
as colors of light refocus into a white stream.

They all invoke a deep arousal,
an awakening of passion in particular,
a coming home, a resolve,
to rekindle a spirit once crushed
in my fist, clenched, flexed to resist pain.

Oh, my Muse has helped me!
I can't imagine life without her.
There was a point I clearly accepted her,
with all the embarrassment, into my life.

She encourages me to write.
She is the white stream.
She is the color.
I am held by her, in between
the two, in the smallest of places,
as big as life itself,

without pain.

Estás Conmigo

Hay momentos que he coleccionado
de diferentes partes de mi vida,
que parecen caber en un prisma,
como los colores de la luz se re-enfocan en un riachuelo blanco.

Todos ellos invocan una profunda agitación,
un despertar de pasión en especial,
un retorno al hogar, una resuelta,
para de nuevo encender un espíritu que una vez se aplastó
en mi puño, apretado, flexionado para resistir el dolor.

!Oh, mi Musa me ha ayudado!
No me puedo imaginar una vida sin ella.
Hay un punto cuando claramente yo la acepté,
con toda la vergüenza, en mi vida.

Ella me anima a escribir.
Ella es el riachuelo blanco.
Ella es el color.
Ella me sujeta, entre
los dos, en los lugares más pequeños,
tan grande como la vida misma,

sin dolor.

*His depth is on the surface
and far below he is shallow.*
O.K. Bouwsma

The One Among You

The violation of trust is so simple.
It is an act.
The thoughts that creep in,
well, we shall just be glad
others can't read them.

Once, I made an innocent bargain
with someone to be a person
of continuous trust,
opening myself most vulnerable,
as a wide canyon, protected
from the mountain elements,
safe in a mist of innocence,
to be part of the mystery,
working wonders to relieve pain.

We practiced an art, using science.
We merged with the unknown to find out things.
We were the finest in conduct and restraint.
We assisted others to cure
the evils in our midst.

What kept me there that long was
you respected the trust,
found it refreshingly naive and worthy.
The guilt all of you in the room face is,
I never broke that bargain,
but one of you did.

There is always a Judas among us;
the question is who will it turn out to be?

Su profundidad está en la superficie
y muy por debajo él es superficial.
O.K. Bouwsma

El Que Está Entre Ustedes

La violación de la confianza es tan simple.
Es un acto.
Los pensamientos que se meten sigilosamente,
bueno, tendremos que estar contentos
que otros no pueden leerlos.

Una vez, hice un trato inocente
con alguien para ser una persona
de continua confianza,
abriéndome tan vulnerablemente,
como un amplio cañón, protegido
de los elementos montañeses,
a salvo en una niebla de inocencia,
para ser parte del misterio,
haciendo maravillas para aliviar el dolor.

Practicamos un arte, usando ciencia.
Nos mezclamos con lo desconocido para averiguar cosas.
Éramos los mejores en conducta y autocontrol.
Asistimos a los otros para curar
los males entre nosotros.

Lo que me mantuvo ahí por tanto tiempo fue
que respetaste la confianza,
lo hallé refrescantemente ingenuo y valioso.
La culpabilidad que todos ustedes en la sala enfrentan es,
que nunca rompí ese trato,
pero uno de ustedes lo hizo.

Siempre hay un Judas entre nosotros;
La pregunta es ¿Quién resultará ser?

I'm At The End

There is no end to political behavior.
As soon as you plug one hole
another opens up just as big.
It is a never ending struggle this hell,
good or bad at any moment,
doesn't matter, mischief is always up.

If I sing hallelujahs would you come?
Would you be there to catch me,
keep me from falling far, free falling,
into the air with no direction?

The night shades are soon drawn,
over the only window, and no icon
to pray to, or cross to kneel under,
penning a spirit in the black box
that reigns suspicion.

We all know there is nothing
perceived on the other side,
but you keep telling me there is,
whispering in my ear
the siren of your many voices.

It's hard to catch you in any lie,
you tell so many, it all sounds
like the truth which, if it were,
would be the sign of promise,
and would fix your thoughts clear
about what is right.

I keep failing with you,
and I'm exhausted.

Yo Estoy al Final

No hay final en el comportamiento político.
Tan pronto tapas un agujero
otro se abre igual de grande.
Es una lucha interminable este infierno,
bueno o malo en todo momento,
no importa, la travesura está siempre presente.

¿Si cantara las aleluyas vendrías?
¿Estarías allí para cogerme,
evitar que caiga lejos, cayendo libre,
en el aire sin dirección?

Las cortinas de la noche pronto se cierran,
sobre la única ventana, y ningún icono
para rezar, o cruz para arrodillarse debajo,
encerrando un espíritu en la caja negra
donde reina la sospecha.

Todos sabemos que no hay nada
percibido al otro lado,
pero tú insistes en decirme que hay algo allí,
susurrando en mi oído
la sirena de tus varias voces.

Es difícil pillarte en una mentira,
dices tantas, todo suena
como la verdad, la cual si fuera,
seria la señal de promesa,
y arreglaría tus pensamientos aclarando
sobre lo que es correcto.

Te sigo fallando,
y estoy agotado.

Endearing Eloquence

When you whispered in my ear all those nice things,
with the firm voice of the woman you are,
the tensions of histories, the uncertainties of resonant moments
haunting me for years, went away, leaving no doubt.

There are those brief moments of encounter, humanity from such depths,
so inspiring, that engage you, grip firm, render you helpless and calm,
that no amount of trying will make the moment happen otherwise.

In one instant those nervous childhood guilt moments
vanished in a white flash.
You crossed a barrier without effort, gliding to a stop,
with endearing eloquence, saying it was alright to share without fear.

Those voices from the past, most were without tone, flat.
But you were vital, the full measure of an inner light.

I guess our lives can be mitigated.
I hear your voice often, full, serene, tender, loving.

Entrañable Elocuencia

Cuando tu susurraste en mi oído todas esas cosas bonitas,
con la voz firme de la mujer que tu eres,
las tensiones de las historias, las incertidumbres de los momentos
    resonantes
que me frecuentaban por años, se fueron, sin dejar duda alguna.

Existen esos breves momentos de encuentros, humanidad de tales
    profundidades,
tan inspiradores, que te captan, agarran firme, y te sientes desamparado y
calmado, que ninguna cantidad de intentos hará que el momento suceda de
    otra manera.

En un instante esos momentos nerviosos de sentimientos de culpabilidad
    infantil
desaparecieron en un destello blanco.
Cruzaste una barrera sin esfuerzo, deslizándote hacia una parada,
con elocuencia entrañable, diciendo que estaba bien compartir sin temor.

Esas voces del pasado, la mayoría no tenían tono, desafinadas.
Tu estabas llena de vitalidad, la medida completa de una luz interna.

Pienso quizás que nuestras vidas pueden ser atenuadas.
Oigo tu voz a menudo, llena, serena, suave, cariñosa.

For Richard William Cettel
1920—2010

The Passing of a Father

A natural death is such a humanizing experience,
in of itself, a lovely message for the living to weep;
to weep for us all without anger, envy, hate, or jealousy.
To weep for lovely remembered affections,
where derisive thoughts succumb
to the thread of continued connection,
leading to the wall of Jerusalem and salvation.

The passing of a father can lead to redemption.
The asking for love is over now,
a final relief releasing the heart.
Believe in the thread that binds us all,
never fearing the ones who will lose their way,
for they are the children whom we must teach.

Para Richard William Cettel
1920—2010

El Fallecimiento de un Padre

Una muerte natural es una experiencia tan humanisadora,
en sí misma, un bello mensaje para que los vivos lloren;
lloren por todos nosotros sin rabia, envidia, odio, o celos.
Llorar para los bellos afectos recordados,
donde los burlones pensamientos sucumben
al hilo de la conexión continua,
que nos conduce hacia la pared de Jerusalén y salvación.

El fallecimiento de un padre puede traer consigo la redención.
El pedir amor ahora ha terminado,
una alivio final que suelta al corazón.
Cree en el hilo que nos ata a todos,
nunca temiendo a los que se extraviarán en su camino
porque ellos son los niños a quienes debemos enseñar.

August Times

The August air is still, a quiet very much like
living again the memory of a loved one,
bathing in the same warm feeling of a long ago
spoon shaped cuddle, dreaming into
that late afternoon sleep, aroused
only by the setting angle of the sun,
immersed just below the surface of the day.

The melancholy wants to stay.
Heavy with want of love in the heart
moves one to wander, unable to sit
for any period of time.
It seems there is no solution
to the void feeling inside.

The disappointment in the proposed
adequacy of life continually overwhelms,
the alone times, the August times.

The drinking of the wine continues;
eventually the blessing of sleep arrives
to comfort.

At two am the zodiacal light is gone,
the stars and Milky Way are bright
against the blackness of space,
and the falling stars are so close to
almost touch.

On the far distant horizon on top of the
low mountain is a light. I imagine
below that light are two images
looking out over the sea,
embraced in eternal human bliss.

Tiempos de Agosto

El aire de agosto esta quieto, una quietud muy parecida
como vivir otra vez la memoria de una amada,
bañándose en la misma cálida sensación de un
lejano abrazo en forma de cuchara, soñando hacia
ese sueño de la última hora de la tarde, despertando
solamente por el ángulo del sol poniente,
sumergido apenas debajo de la superficie del día.

La melancolía quiere permanecer.
Agobiado por el deseo del amor en el corazón
uno se conmueve a preguntarse, incapaz de sentarse
por cualquier periodo de tiempo.
Parece que no hay solución
para la sensación vacía que hay adentro.

La decepción en la propuesta
adecuación de la vida abruma continuamente,
las horas solas, los tiempos de agosto.

El consumo de vino continúa;
la bendición del sueño llega eventualmente
a confortar.

A las dos de la mañana la luz zodiacal se ha ido,
las estrellas y la Vía Láctea brillan
contra la oscuridad del espacio,
y los meteoritos están tan cerca que
casi se pueden tocar.

En el lejano y distante horizonte encima de
la montaña baja hay una luz. Me imagino
debajo de esa luz hay dos imágenes
mirando hacia el mar,
abrazadas en el eterno éxtasis humano.

For Richard Nevis DMD
1940—2010

Have It Down

There is something about belonging,
to a group of boys when you are young,
that gets reinforced as you get older,
like the tides that seem to turn about
the same cycles, but there is no moon
that smoothes the resonance.

There is something about alienation
in one's youth,
that gets reinforced as you get older,
like the tides that seem to turn about
the same cycles, but there is a pull
often confused with being erratic.

Each pull in the cycle though,
gets tighter and tighter over time,
until you "have it down,"
and the other group just feels threatened.

If my heart gives way to an unknown etiology,
or if I go in another direction to become full,
or if I resign to give up a passion
to see whom else I might become,
then have you really won?

Probably not,
but it's OK if you think so.

I never gave it a second thought!

Para Richard Nevis DMD
1940—2010

Lo Has Aprendido

Hay algo en el pertenecer,
a un grupo de muchachos cuando eres joven,
que se refuerza a medida que maduras,
como las olas que parecen darse vuelta
en los mismos ciclos, pero no hay luna
que suavice la resonancia.

Hay algo sobre el distanciamiento
en la juventud de uno,
que se refuerza a medida que fructificas,
como las olas que parecen darse vuelta
en los mismos ciclos, pero hay una atracción
que a menudo se confunde con ser errática.

Cada tirón en el ciclo, sin embargo,
se restringe más con al pasar del tiempo,
hasta que "lo has aprendido,"
y el otro grupo solo se siente amenazado.

¿Si mi corazón le abre paso a una desconocida etiología,
o si voy en otra dirección para llenarme,
o si me resigno a dejar atrás una pasión
para ver en quien me podría convertir,
entonces has en realidad ganado?

Probablemente no,
pero esta bien si así lo piensas.

¡Nunca lo pensé dos veces!

Merrick Robert Pierce LCPL USMC
Died Thua Thien S. Vietnam 27OCT67

"Sing, O goddess, the anger of Achilles son of Peleus,
that brought countless ills upon the Achaeans."
The Iliad

Continual Resurrection

It's the pacing back and forth that one first notices,
the undecided gait interrupted by hesitation, uncertainty,
after getting out of his car, closing the door quietly.
Father, brother, friend, uncle, one never knows for sure.
What is sure is the apparent emotion he approaches with.

The light summer wind carried the smoke puffs away,
rising swiftly in the open air, reflecting the sunlight,
leaving him secure in at least having a cigarette today.
Standing over the grave there is a pause of several moments,
resolute in stance head bowed, shoulders slumped.

Turning around to look, he takes the wide angle today,
perhaps unlike other days, when noticing is not so important.
The trees, green grass, sunshine, leaves rustling,
blue sky, wind in the branches, a slight breeze in the face,
are a recognition of the disconnection of life and death.

He saw me earlier on my knees cleaning off the flat headstone
of debris and dust, and now he seems unable to bend down.
We really never get over grief, we only live with it as a loss,
managing it as a big part of who we are as a person,
a sadness in us that shares the good things eventually.

Merrick Robert Pierce LCPL USMC
Murió en Thua Thien, Vietnam del Sur, 27 de octubre 1967

"Canta, Oh diosa, la cólera de Aquiles hijo de Peleo,
cólera funesta que ocasionó infinitos males a los aqueos"
La Iliada

Resurrección Continua

Es el paseo de un lado a otro que uno primero se fija,
el paso indeciso interrumpido por la vacilación, e incertidumbre,
después que él se baja de su coche, cerrando la puerta
   silenciosamente.
Padre, hermano, amigo, tío, uno nunca sabe con seguridad.
Lo que es seguro es la emoción evidente con la cual él se acerca.

El viento ligero del verano se llevó lejos los soplos de humo,
alzándose rápidamente en el aire abierto, reflejando la luz del sol,
dejándolo seguro que por lo menos hoy tenía un cigarrillo.
Posado sobre el sepulcro hay ahí una pausa de varios momentos,
resuelto en su postura de cabeza arqueada, los hombros caídos.

Dándose vuelta para ver, él hoy toma el gran angular,
quizás desemejante a otros días, cuando el fijar no es tan importante.
Los árboles, la hierba verde, la luz del sol, las hojas crujientes,
el cielo azul, el viento en las ramas, una brisa leve en la cara,
son un reconocimiento de la desconexión de la vida y la muerte.

Él me vio antes arrodillado limpiando la lápida mortuoria
de mugre y polvo, y ahora él parece incapaz agacharse.
En realidad, nunca superamos la pena, solo la vivimos como si fuese
   una pérdida,
manejándola como una gran parte de quienes somos como una
   persona,
una tristeza en nosotros que comparte eventualmente las cosas
   buenas.

We are two disparate people who never met.
Perhaps he too lost a loved one to death's grasp in war,
connecting this national cemetery with timeless emotions;
expressed by Achilles mourning the death of Patroclus;
the humanizing inflictions of yearning, love, guilt, pain.

The surrounding landscape requires you submit and leave slow.
There is a release of anxiety driving the meandering curves of graves,
and a relieved pause when spotting a soldiers marker
who through the luck of survival has lived a long life,
unlike those whose premature death we are still mourning.

Somos dos personas distintas que nunca se han conocido.
Tal vez él también perdió a un ser querido en las garras de la muerte
     en la guerra,
conectando este cementerio nacional a emociones eternas;
expresadas por Aquiles al guardar luto por la muerte de Patroclo;
las inflexiones humanizantes del ansia, el amor, el remordimiento, el
     dolor.

El paisaje que rodea requiere que uno se entregue y se vaya
     lentamente.
Hay un alivio de ansiedad que impulsa las curvas serpenteadas de las
     tumbas
 y una pausa aliviadora al divisar el marcador de un soldado
quien por suerte de la sobrevivencia ha vivido una vida larga,
al desigual a aquellos cuya muerte prematura aun velamos.

Desired Light and Black River

I

Her name was Desired Light and his was Black River,
two names that should have been linked forever,
had it not been for the bargain they made together,
innocent inside the deepest of human surrender.

The echoes have been heard untold times in history,
as long ago as the epic of Orpheus and Eurydice,
in a blessed beautiful fable of a timeless testimony,
that the greatest of loves are bound in their death prematurely.

Music as a metaphor for an expression of love and desire,
captures the interest and imagination of those who conspire
to approve, nurture and help to be a conscience and choir,
easing pain of secrecy and beauty, helping deep love to inspire.

Treachery and deceit lurking hidden in the scenes of love,
feet sheathed in stealth measuring a finger's breadth in the foxglove,
was the age-old spur about to vex, plague and destroy the ladylove.
But happy were the harvest dancers under the winged dove.

It was a natural serene, tranquil, halcyon time when attraction,
unlike each had ever experienced, and a bliss unlike any emotion,
that could evoke the sweetest fulfillment in love's fascination,
affirming their love so great was as powerful as a fated destination.

There were so many intervening moments of love's character,
intertwined with scenes as grand as the march of a leader's scepter,
as erotic as those glycerin moments of complete unifying leisure,
safe from the world's rising tides of allegiance, in each a savior.

Luz Deseada y Rio Negro

I

Su nombre era Luz Deseada y el de él era Rio Negro,
dos nombres que debieron haber estado enlazados eternamente,
si no hubiese sido por el acuerdo que hicieron juntos,
inocentes dentro de lo más profundo de la derrota humana.

Los ecos se han escuchado innumerables veces en la historia,
tan lejana como la epopeya de Orfeo y Eurídice,
en una bendita bella fabula de un eterno testimonio;
que los más grandes amores están unidos en la muerte prematuramente.

La música como una metáfora para una expresión de amor y deseo,
capta el interés e imaginación de aquellos que conspiran
aprobar, nutrir y ayudar a ser una consciencia y coro,
aliviando el dolor de la secrecía y la belleza, ayudando al amor
      profundo a inspirar.

La traición y el engaño al acecho, escondidos en las escenas de amor,
envainados sigilosos midiendo el espesor de un dedo en la Dedalera,
eran el antiguo estímulo a punto de fastidiar, plagar y destruir la amada.
Pero felices eran los bailarines de la cosecha bajo la paloma alada.

Era una época idílica, natural, serena, tranquila, en que la atracción,
desemejante a lo que cada uno jamás había experimentado, y una dicha
      desemejante a cualquier emoción,
que pudiera evocar el más dulce cumplimiento de la fascinación del amor,
afirmar su amor era tan poderoso como una destinación predestinada.

Había tantos momentos entremedios del carácter del amor,
entrelazado con escenas tan magníficas como la marcha del cetro de un líder,
tan erótico como esos momentos de glicerina de completo relajamiento
      unificador,
a salvo de las crecientes mareas de alianzas mundiales, en cada una un salvador.

89

The moments of temptation were many; desire, remarkable witness.
Her beauty suffused into one's heart, an alluring primeval hypnosis.
A feminine coming into being like the light of colors of dawn's consensus,
unifying all of their propose into the soul and body cosmos.

Those serpents lying in wait who would pretend in friendship to embrace,
do their work in quiet silence lurking unseen, concealed to enlace
the fatal blow to thoughts and deeds truly in heaven's grace,
because of narcissism or poor self-image, the mirror of their debase.

The serpents' lay was arrant, unsuspecting, consummate, a portent,
having to wait little time for jaws of death to open and quick fangs to indent,
deep into the foot fleeing danger, suffering disorientation and torment,
the slipping of all life away, a certainty, unable to stop sleep's intent.

II

The allegory of this day is just a bit different for the passage of the souls.
It is the story and the sequel to the story, and not in death's extols,
voicing interest in the destroyers of true love purity, exacting tolls,
on the very ones who commit to an earnest bond of souls.

Death's recognition is a moment the living must witness disabled.
To cross the Styx, no one who enters the underworld leaves once transcended.
One who knows of the journey may place a coin on the tongue coldhearted,
quietly in fear of the souls wandering, a duty of the living warranted.

Once payment is offered the souls are penetrated by the exactor of fear,
who knows the nature of the elixir spreading their behavior unclear,
in the murky bargains amid traps of foreknowledge beset so severe,
looking at the beckon of a partner, knowing this is his nadir.

Los momentos de tentación eran muchos; deseo, testigo notable.
Su belleza se envolvía en el corazón, una seductora y primitiva hipnosis.
Una creación femenina como la luz clara del consenso de la alborada,
unificando todo su propósito en el cosmos del alma y el cuerpo.

Esas serpientes a la espera que fingen amistad para abrazar,
hacen su trabajo en el quieto silencio al acecho sin verse, escondidas para enlazar
el golpe fatal a los pensamientos y hechos, realmente a la gracia del cielo,
debido al narcisismo o la auto-imagen deficiente, el espejo de su rebaje.

La endecha de las serpientes es errante, confiada, consumada, un presagio,
teniendo que esperar poco para que las quijadas de la muerte se abran y
    hunda profundamente sus colmillos,
en el pie que huye del peligro, padeciendo de desorientación y tormento,
el escabullo de toda la vida, una certeza, incapaz de parar el intento del sueño.

II

La alegoría de este día es solo un poco diferente del tránsito de las almas.
Es la historia y la continuación de la historia, y no en el elogio de la muerte,
vociferando interés en los destructores de la pureza del verdadero amor que,
    cobra peaje,
a los mismos que se comprometen al sincero vínculo de las almas.

El reconocimiento de la muerte es un momento que los vivos deben atestiguar
    incapacitados.
Al cruzar el Estigia, nadie que entra el mundo subterráneo puede salir una vez
    transcendido.
Uno que sabe del viaje puede colocar una moneda en la lengua, desanimado,
silenciosamente aterrado de las almas que vagan, un deber autorizado de los
    vivos.

Una vez que se haya ofrecido el pago, las almas son penetradas por el cobrador
    del terror,
quien conoce la naturaleza del elíxir esparciendo su comportamiento confuso,
en los turbios pactos entre trampas de precognición acosadas tan severamente,
mirando la llamada de una pareja, sabiendo que este es su nadir.

Those condemned to partial hell can only cooperate attempting compassion,
the difference; being trapped not in a permanent hell, but with no horizon.
The only future one can envision is opened with light, coming out of illusion,
transcendent beyond inquiry, however Hades makes the bargain transition.

The overseers use their power when love comes from the heart and soul,
to find ways to destroy any way of life making a bargain to become whole.
In silence indentured to the god's wont Black River in his own role,
enslaved himself at the moment of how the bargain was followed solo.

At the same time, Desired Light was always in Hades' array.
The coin had been placed for the ferryman's craft and Cerberus' pay,
In silence becoming an apparition, perhaps delivered in decay,
into the province of the god's quarry, as the immortal and mortal parley.

In the end, all was lost through vexation, seizure and deception,
versus the mortal ache yearning for harmony and absolutions.
The godlike prevail, self-absorbed persons of permissions and ablutions,
who deceive the innocent mourning for a reprieve from death's dejection.

Aquellos condenados al infierno parcial sólo pueden cooperar atentado compasión,
la diferencia; estar atrapado no en un infierno permanente, pero en uno sin horizonte.
El único futuro que uno puede prever se abre con la luz, proveniente de la ilusión,
tan trascendente más allá de la inquisición, sin embargo Hades hace la transición del pacto.

Los supervisores usan su poder cuando el amor viene del corazón y el alma,
para encontrar formas para destruir cualquier forma de vida que hace un pacto para convertirse en entero.
En silencio esclavizado por la voluntad del dios, Río Negro en su propio papel,
se hizo esclavo de sí mismo al momento de cómo el pacto se seguía solo.

Al mismo tiempo Luz Deseada siempre estaba en la esfera visual de Hades.
La moneda se había puesto para el trabajo del barquero y el pago de Cerbero,
En silencio convirtiéndose en una aparición tal vez entregada putrefacta,
en el territorio de la cantera del dios, como una negociación de los inmortales y mortales.

Al final, todo se perdió a causa de aflicción, incautación, y engaño,
contra el dolor de los mortales que anhelaban armonías y absoluciones.
El endiosado prevalece, personas egocéntricas de permisos y abluciones,
que engañan a los inocentes que enlutados esperan el abatimiento de la muerte.

All There Is

The hardest acceptance is our life being inevitable,
in particular, the final perceived moments or times.
The end is going to happen no matter what.

We can write or say nothing more different
than we said or wrote before the haunt affects us.

If we all know this is about to happen why do we strive,
if in a meaningful way, to write or speak profoundly?

The answer lies in denial and fear,
mixed with the roots of our demise,
which is other than embracing the end,

consciously alone,
as silent stillness prevails.

Todo lo que Hay

Lo más duro aceptar es que nuestra vida es inevitable,
en particular, los últimos momentos percibidos u horas.
El final sucederá no importa lo que pase.

No podemos escribir o decir nada más diferente
de lo que hemos dicho o escrito antes que la perturbación nos afectara.

¿Si todos sabemos que esto está a punto de suceder porque nos esmeramos,
Si en una manera significativa, para escribir o hablar profundamente?

La respuesta yace en la negación y el temor,
mezclados con las raíces de nuestro deceso,
que es más que abrazar nuestro final,

conscientemente solo,
mientras la quietud predomina.

Psychotics Benediction

Stalin ruled by murder.
Mao ruled by chaos and murder.
Pol Pot ruled by execution and murder.
Idi Amin ruled by starvation and murder.
Gaddafi ruled by Islam and murder.
Hussain ruled by intimidation and murder.
Lenin ruled by terror and murder.
Kim Jong-Il ruled by subjugation and murder.
Hitler ruled by gas chambers and murder,
Milosevic ruled by machine gun graves and murder,
Chavez followed with disappearances and murder,

George Washington ruled by freedom.
Thomas Jefferson ruled by compassion.
Andrew Jackson ruled by fiscal savvy.

The history of republican democracy is clear,
the future of republican democracy is what I fear.

All of the above except three
have a mass murder tree.

Those governed by them may not think,
for their books are writ in secret and blood ink,
their legal writs causing them to drown as they sink.

Those rulers believed in a feat;
what is the flaw in the initial thesis,
in the abstract-negative-concrete,
that draws upon it's own antithesis?

What is the useful portion?
What is to move beyond?
What lies ahead in societies' fortune?

La Bendición de los Psicópatas

Stalin gobernó por medio de asesinato.
Mao gobernó por medio de caos y asesinato.
Pol Pot gobernó por medio de la ejecución y el asesinato.
Idi Amín gobernó por medio del hambre y el asesinato.
Gadafi gobernó por medio de islam y el asesinato.
Hussein gobernó por medio de la intimidación y el asesinato.
Lenin gobernó por medio del terror y el asesinato.
Kim Jong-Il gobernó por medio de la subyugación y el asesinato.
Hitler gobernó por medio de las cámaras de gas y el asesinato,
Milosevic gobernó por medio de los sepulcros y el asesinato por
    ametralladora,
Chávez siguió con desapariciones y asesinatos,

George Washington gobernó por medio de la libertad.
Tomas Jefferson gobernó por medio de la compasión.
Andrew Jackson gobernó por medio de conocimientos fiscales.

La historia de la democracia republicana está clara,
el futuro de la democracia republicana es lo que temo.

Todos los ya mencionados, excepto tres
tienen un árbol de asesino en masa.

Aquellos gobernados por ellos puede que no piensen,
pues sus libros están escritos en secreto y en tinta de sangre,
sus decretos judiciales los ahogan al hundirse.

Aquellos gobernantes creían en una hazaña;
¿Cuál es el defecto en la tesis inicial,
en el abstracto-negativo-concreto,
que se inspira en su propia antítesis?

¿Cuál es la porción útil?
¿Cuál se ha de mover más allá?
¿Qué destino les espera a las sociedades?

For Marx, class struggle was the contradiction,
rooted in racism was the violent struggling feeling.
That was the problem, human behavior's prediction,
without consideration of non-violence appealing.

The result is clearly mass murder and fear,
subjugation, subsistence and instability,
social regression and a black mirror,
disintegration, mistrust and insanity.

Contrary to the idea of the flaw,
is the advancement of unalienable rights,
endowed by our creator, we are in awe.

We inspire anger in the dependent, (violence and fights),
going deep in the human psyche of need.
The psychology of them are like many black nights,
not understanding the spirit of the majestic steed.

Who will be the leader?
Who will be the lamb?
Who will fight both?
Who will die without a cause?

Who will be the fodder
for the psychotic psychosis?
Who will be the recipient
of unalienable rights' symbiosis?

What we want to be, may be hard to do,
but the alternatives are very few,
in light of the psychotics' benediction,
to wipe out our church and pew!

Para Marx, la lucha de las clases era la contradicción,
arraigada en el racismo yacía la sensación violenta de la lucha.
Ése era el problema, la predicción del comportamiento humano,
sin la consideración de apelar a la no-violencia.

El resultado es claramente asesinato en masa y miedo,
subyugación, subsistencia e inestabilidad,
regresión social y un espejo negro,
desintegración, desconfianza y locura.

Contrario a la idea del defecto,
es el avance de los derechos enajenables,
dotados por nuestro creador, quedamos impresionados.

Inspiramos cólera en el dependiente, (violencia y luchas),
entrando profundamente en la psique humana de la necesidad.
La psicología de ellos es como muchas noches negras,
sin comprender el espíritu del majestuoso corcel.

¿Quién será el líder?
¿Quién será el cordero?
¿Quién luchará a ambos?
¿Quién morirá sin una causa?

¿Quién será el forraje
para la psicosis sicopática?
¿Quién será el recipiente
de la enajenable simbiosis de los derechos?

¡Lo qué queremos ser, puede que sea duro de hacer,
pero las alternativas son muy pocas,
a la luz de la bendición de los psicópatas,
para aniquilar nuestra iglesia y banca!

For Sally and James

The Angel Near Me

The singing comes from the angel near me.

There is a song heard, only at times,
as naked as that which lies within.
Its beauty is as an adagio,
from a symphony that touches the soul.
Its feel is an emotional release,
as that of an aria, sung in loving innocence.

The song comes from the angel near me.

When the alone times have come,
circling, closing in, particularly
in my youth, and too many times
as an adult in love and sadness,
the primitive archetype appears,
reminding me how many went before.

The inheritance comes from the angel near me.

The mental image of my ancestors,
is of dancing, clearing the spaces
between them, sharpening their focus
of each other, merging their collective
journey, helping to persevere the song
of love and loss, of sanity and sanctity.

The singing comes from the angel near me!

Ariadne's magic ball of yellow silk thread,
Blake's end of a golden thread,
Stafford nudging us to feel the impulses,
and how not to pull too hard,
stories and advice that all,
may lead us to better resonant choices,
fulfilling the greater doing of who we are.

With the vital thread of connection in hand,
can you now hear the voice of the angel?

Para Sally y James

El Ángel Cerca de Mi

El canto viene del ángel cerca de mi.

Hay una canción que solo a veces se escucha,
tan desnuda como aquella que yace en su interior.
Su belleza es tal como un adagio
de una sinfonía que toca el alma
Su tacto es un desahogo emocional,
como la de un aria que se canta en afectuosa inocencia.

La canción proviene del ángel cerca de mi.

Cuando los días de soledad hayan llegado,
rodeándome, acercándose, especialmente
en mi juventud, y demasiadas veces
como un adulto enamorado y la tristeza
el primitivo arquetipo aparece
recordándome cuantos se fueron antes.

La heredad proviene del ángel cerca de mi.

La imagen mental de mis antepasados,
es de bailar, despejando los espacios
entre ellos, afinando el enfoque
de cada uno, convergiendo su viaje
colectivo, ayudar a perseverar la canción
del amor y la perdida, de la lucidez y la santidad.

El canto proviene del ángel cerca de mi!

El ovillo mágico de hilo de seda amarillo de Ariadna,
el fin del hilo dorado de Blake,
el leve empujón de Stafford para que sintamos los impulsos,
y como no tirar demasiado fuerte,
historias y consejos que todo,
nos puede conducir a elecciones mejor comprendidas
cumpliendo la mayor acción de quienes somos.

Con el hilo de la conexión vital en la mano,
¿puedes ahora escuchar la voz del ángel?

What Is Meaningful

Seeing what is meaningful to you,
and you seeing what is meaningful to me,
there, we have removed the I,
sharing what is important.

Our hands touching,
perhaps a shake,
perhaps holding,

our eyes in contact,
passionately fixed,
resolutely humane.

These are moments of appreciation,
when the words will still be heard,
the meanings will still be true,
the contact will still be sensed,
after we have parted,

to live in us another day.

Lo que es Significativo

Ver lo que es significativo para ti,
y tú ver lo que es significativo para mi,
!listo! Hemos quitado el Yo,
compartiendo lo que es importante

Nuestras manos tocándose,
quizás un apretón,
quizás tomándose,

nuestros ojos en contacto,
apasionadamente fijos,
resueltamente humanos.

Estos son momentos de valorización,
cuando las palabras serán aun escuchadas.
los significados serán aun ciertos,
el contacto se presentirá aun,
después que nos hayamos marchado

para vivir dentro de nosotros otro día más.

Who I Have Become

The days light my way,
the nights are peaceful.

The morning is the beginning,
the evening is the aging.

I who know light and dark,
know warmth and comfort.

A hawk's flight, an owl's hoot,
anticipation of life's potential.

You who know submission,
know stillness and retreat.

I who have met my demons,
understand fear.

I who have met my dreams,
know when to sleep.

I who have met my death,
know rebirth,

and the bold days ahead.

En Quien Me He Convertido

Los días alumbran mi camino,
las noches son apacibles.

La mañana es el comienzo,
la tarde es el envejecimiento.

Yo que conozco la luz y la oscuridad,
conozco el calor y la comodidad.

El vuelo de un halcón, el ulular de un búho,
la anticipación del potencial de la vida.

Tú que sabes de sumisión,
sabes de la quietud y la retreta.

Yo que he conocido mis demonios,
comprendo el temor.

Yo que he conocido mis sueños,
se cuándo debo dormir.

Yo que he conocido la muerte,
conozco el renacer,

y los audaces días venideros.

Epilogue

In response to a pause or just a time out from life's journey or efforts, is a quietude. A relaxed frame where there seems to be enough time at hand, to feel with all of one's senses. Paramount is a sense of commitment to someone so complete, the loss of that person in the end is life altering, and no amount of recovery is possible. The discovery of the truth of any situation or relationship is a realization to infinity. No amount of turning back from reality is possible. Each aspect of wisdom is the truth multiplied.

From the angel near me to the idea of when the time comes, my life has been the pursuit of resonant moments of confronting the truth. Each description of the pursuit spells fear initially, but the magnet keeping anyone aligned and focused in the ether, is a deep abiding friendship of the self; a comfort within the soul having no embarrassment of any object or person of it's affection, nor the fear to confront love.

Everyone tries to reconcile an expiation of their past. Out Myth is essential for survival and vital for us day to day. Without our Myth we would cease to exist with any meaning or purpose. In our journey we express our Myth through several event passages, we allow ourselves to merge with. The thresholds are, an initiation, punishment, encouragement, or morality lessons. They are the sine qua non of moral parables or allegories.

These poems in English and translated by Ivan Mancinelli—Franconi, PhD*, into the Spanish language concern the mistakes of poor faith, or doubt about self, and the bargain we think we can make therein to lessen pain. The reprieve is when you choose to not make the bargain. But, if we do, the bargain will appeal against our will and thought, leaving us lonely. The truth is, a bargain spares no one, nor can it make up for legitimate feelings of love and eventually mourning a loss. Death and love are inextricably bound in unity; it is merely time that makes the difference.

DWA
Sunriver, Oregon
April, 2017

*Ivan Mancinelli—Franconi PhD was born in Chile and educated in the United States. He is a social psychologist and university professor residing in Vancouver, Washington.

Epílogo

En respuesta a una pausa, o solo a un descanso en la jornada o lucha de la vida, hay una quietud. Un marco relajante donde parece haber bastante tiempo disponible para sentir con todos los sentidos de uno. De primordial importancia es un sentido de compromiso a alguien tan completo que la pérdida de esa persona al final es una experiencia que altera la vida, y no hay posible recuperación alguna. El descubrimiento de la verdad de cualquier situación o relación es una realización al infinito. No hay posibilidad alguna de volver de la realidad. Cada aspecto de la sabiduría es la verdad multiplicada.

Del ángel cerca de mí a la idea de cuando venga la hora, mi vida ha sido la búsqueda de momentos resonantes para enfrentar la verdad. Cada descripción de la búsqueda deletrea inicialmente, miedo, pero el imán que mantiene a cualquier persona alineada y enfocada en el infinito, es una profunda amistad duradera de si mismo. Una holgura dentro del alma que no tiene vergüenza alguna de cualquier objeto, o persona de su afecto, ni el miedo a enfrentar el amor.

Todo el mundo intenta conciliar una expiación de su pasado. Nuestro mito es esencial para la supervivencia e imprescindible para nosotros en lo cotidiano. Sin nuestro mito dejaríamos de existir con cualquier sentido o propósito. En nuestra trayectoria expresamos nuestro mito a través de varios pasajes de eventos, con los cuales permitimos integrarnos. Los umbrales son, un tipo de iniciación, castigo, estímulo o lecciones de moralidad. Son la "condición indispensable" de las parábolas o alegorías.

Estos poemas en inglés y traducidos por Ivan Mancinelli, Franconi, Ph. D, * al idioma español, se refieren a los errores de mala fe o duda acerca de uno mismo, y el pacto que creemos poder hacer con estos para disminuir el dolor. El indulto ocurre cuando optamos por no hacer el trato. Pero si lo hacemos, el trato apelará contra nuestra voluntad y pensamiento, dejándonos solitarios. La verdad es que el trato no salva a nadie, ni pueden compensar por legítimos sentimientos de amor y eventualmente el duelo de una pérdida. La muerte y el amor están atados inextricablemente en la unidad; es simplemente el tiempo que hace la diferencia.

DWA
Sunriver, Oregon
abril, 2017

*Ivan Mancinelli—Franconi Ph.D., nació en Chile y se educó en los Estados Unidos. Él es psicólogo social y profesor universitario radicado en Vancouver, Washington.